RÉFLEXIONS

ET

OBSERVATIONS

SUR

L'HIVER DE 1822;

Présentées et lues, le 26 février de la même année, à la Société Royale des Arts du Mans, qui en a arrêté l'impression et l'envoi aux diverses Sociétés savantes ;

Par CHARLES DROUËT,

L'un de ses membres, correspondant de la Société Linnéenne de Paris.

~~~~~~~~~~~

AU MANS,

Imprimerie de FLEURIOT, rue Royale, N.º 26.

Février 1822.
~~~~~~~~~~~

RÉFLEXIONS

ET

OBSERVATIONS

SUR

L'HIVER DE 1822.

Il n'est point de jour, depuis un mois et demi, où je n'aie entendu la crainte et l'inquiétude s'exprimer sur les suites de l'hiver actuel. Que l'on se rassure! il s'est écoulé, jusqu'à présent, fort agréablement pour nous, et il s'écoulera de même, jusqu'à sa fin, toujours semblable à un doux printems. Pourquoi donc l'homme, cueillant en janvier des primevères, des violettes, de la giroflée, et du chèvre-feuille en fleurs, des fruits d'artichauts, des asperges et des fraises, s'attriste-t-il au milieu de la végétation la plus active? et quand les capucines du Pérou décorent journellement nos tables, les roses du Bengale nos cheminées, et que le réséda d'Egypte, bravant la saison, n'a cessé de fournir des bouquets à nos dames, pourquoi empoisonner la jouissance du présent par la supposition d'un fâcheux avenir?

« *Spes bona sollicito victa timore cadit.* »

On peut alléguer, sans doute, la fin de certains

hivers où tout espoir de récolte s'est évanoui par des gelées tardives ; mais ces hivers, heureusement fort rares, n'avaient pas offert, dans leur météorologie, les antécédens de celui-ci ; et aucune année, que je sache, excepté celles que je vais citer, n'avait présenté la transition subite de l'automne au printems.

La température douce et chaude de l'hiver de 1822 est surprenante, je l'avoue, mais elle n'est point un phénomène dans notre histoire ; et, si l'on veut se transporter à la belle et riche bibliothèque de cette ville (1), on en aura la certitude, en lisant dans *Sethus Calvisius* (*opus chronologicum*, édit. 1750, p. 774) :

« Qu'en 1172, la douceur de l'hiver permit aux » arbres de se couvrir de feuilles ; que les oiseaux » couvèrent et eurent des petits en février. »

« *Ex mitissimâ hieme frondes et gramina tem-* » *pestive germinarunt, adeo ut in februar. mense* » *aves incubarent et pullos excluderent.* »

On sait d'ailleurs que l'année 1289, comme celle de 1822, n'eut point d'hiver ;

Qu'en 1421, les arbres fleurirent au mois de mars, et les vignes en avril ; que les cerises mûrirent dans ce dernier mois, et des raisins en mai ;

---

(1) Qu'il me soit permis de rappeler à mes concitoyens que, sans les bons soins, le zèle et la persévérance du savant bibliothécaire, M. Renouard, notre ville n'aurait probablement pas à sa disposition un dépôt aussi riche et aussi bien classé.

Qu'en 1538, les jardins furent, comme les nôtres, émaillés de fleurs en janvier ;

Que l'année 1572 offrit les mêmes faits que celle de 1172 ;

Qu'il y eut des épis à Pâques, en 1585 ;

Que 1607, 1609, 1615 et 1617 sont remarquables par leurs hivers très-doux ;

Qu'il n'y eut ni gelée ni neige en 1659 ;

Et qu'on n'alluma pas de poêles en Allemagne, en 1692.

Enfin, la douceur de la température de l'hiver de 1781 est encore présente au souvenir de nos pères, comme celle de l'hiver de 1807 doit l'être à notre mémoire.

Après une indication aussi courte des hivers doux, mentionnés par les auteurs, j'ajouterai, pour appuyer l'opinion que j'ai de la continuité de la température actuelle, que, comme le présent hiver 1822, si étonnant par sa grande douceur, a été précédé de gros tems, de grands vents, d'inondations et de nombreux naufrages causés par une tempête générale, que nous indiqua, au Mans, dans la soirée du 24 décembre 1821, le point inoui où descendit le baromètre (26 pouces 5 lignes), abaissement si extraordinaire, qu'il dépassa de trois lignes celui marqué le 22 novembre 1768 (26 pouces 8 lig.); ainsi, parmi les hivers doux que j'ai cités, je trouve que celui de 1421 fut également précédé, « d'une grande tempête qui, dans la nuit de la

» S.te-Elisabeth (19 novembre), rompit les digues
» de la Hollande, et causa la destruction de plu-
» sieurs villes, bourgs et villages, etc., etc. »

« *In Hollandiâ austrum, versus nocte Elisa-*
» *bethœ, in novemb. ingens tempestas exorta,*
» *etc., etc.* » (Voyez *Calvisius*, pag. 781.)

Que dans l'hiver de 1607, en janvier, on éprouva
« une tempête accompagnée d'une si grande inon-
» dation, que les eaux de la mer submergèrent le
» comté de Sommerset, en Angleterre, dans une
» étendue de vingt milles en longueur sur quatre
» milles en largeur. »

« *Inundatio ingens in Anglia, mense januario,*
» *facta, mare obruit, etc., etc.* » (Voy. *Calvi-*
sius, pag. 961.)

Que la douceur des hivers de 1613 et 1617 fut
annoncée, dans les mois de décembre et de mars
qui les précédaient, « par des gros tems, des
» tempêtes et des coups de vent si terribles, qu'il
» périt soixante navires dans un seul port d'Es-
» pagne ; que des naufrages répétés couvrirent de
» débris la mer des Pays-Bas, et qu'il y eut une
» si grande quantité de vaisseaux engloutis par la
» fureur de l'Océan, que l'on trouva plus de mille
» cadavres sur ses bords. »

« *Ingentes ventorum procellœ fuerunt circa finem*
» *decembris, etc.* » (Voy. *Calvisius*, pag. 967.)

« *Sub initium martii, ingentes procellœ, etc.* »
(Voy. *Calvisius*, pag. 971.)

. A ces inductions tirées de la comparaison de l'histoire des tems avec celle des saisons, je vais joindre une série d'observations faites dans le département de la Sarthe, sur des fleurs et des fruits qui ne s'y montrent pas ordinairement en hiver.

Effets remarquables de la végétation observée au Mans et dans ses environs , depuis le premier janvier 1822 , jusqu'au 16 février suivant.

1.° Les beaux jardins de Vaux, commune d'Yvré-l'Evêque, présentaient , le 1.er janvier, à M. Crépon l'aîné , non-seulement quatre belles têtes d'artichauts parvenues à leur maturité , mais encore ils lui procuraient le rare plaisir d'offrir , en étrennes , ce même jour , une demi-botte d'asperges.

2.° Dans la commune de Rouillon , M. Leroi , pharmacien au Mans , cueillait , le 7 janvier , à son jardin du Pavillon , huit artichauts; un jardin de Conlie en offrait pareillement une tête.

3.° Vers les 1.ers jours de janvier , dans la commune de St-Biez , le sieur Guyot fils , demeurant au moulin du Bois , trouva 30 à 40 morilles. On en a aussi recueilli à Conlie.

4.° Au Mans , M. Cauvin , naturaliste , et M. Véron , capitaine en retraite , avaient , dans leurs jardins , soit en fleur , soit en fruit , et cela dans les quinze premiers jours de janvier , des fraises appartenant aux espèces nommées fraisiers de tout mois,

Fragaria semper florens. DUCHESNE. , et fraisiers caperons, *Fragaria moschata.* DUCH.

5.° Dans la commune d'Ecommoy, on portait, les derniers jours de janvier, à M. Busson, percepteur (chose inconnue peut-être jusqu'à ce jour!) un petit plat de fraises des bois , *Fragaria sylvestris.* DUCH.

6.° A la même époque, dans le jardin de la cure de Sargé, l'influence de la saison mûrissait également le fruit du fraisier blanc, *Fragaria hortensis.* DUCH.

7.° Le bordage de la Boulonnière, commune de Neuville, dont est fermier le sieur Péchard, nous fournit aussi un fait bien digne de remarque. C'est sur les terres de ce lieu que beaucoup de personnes ont été voir et cueillir des pommes égalant déjà, en janvier, la grosseur de celles dites d'*api.* Le pommier enté, qui a présenté ce phénomène, aurait pu mûrir plus tard les 150 pommes qui l'ornaient, si la curiosité, excitée par la rareté d'une fructification si précoce, avait su respecter ses fruits et n'y pas porter une main sacrilège. Il est même douteux, au moment où j'écris, qu'il ait conservé les quatre dernières qu'il avait encore au commencement de février. Quelques particuliers en ont mangé et ne les ont pas trouvées insipides. On a remarqué que plusieurs de ces pommes avaient été attaquées et en partie creusées par des oiseaux.

8.° Dans la commune d'Ecommoy, et sur les

terres de la Drouetterie, on admirait aussi, en janvier, un pommier chargé d'un demi-boisseau environ de petites pommes dont la formation était toute récente.

9.° J'ai vu, le 14 février, dans la rue Saint-Pavin, un cep de vigne planté à l'exposition la moins favorable (celle du nord-est), ayant deux pousses longues de plus d'un demi-pied, dont l'une portait deux rudimens de fleurs, connus vulgairement ici sous le nom de *lames*.

10.° Dans un clos de vigne de Sainte-Cécile, près de Château-du-Loir, des vignerons ont trouvé, à leur grand étonnement, un cep avec une pousse chargée d'une belle *lame*. Les Nestors des vignobles de ce pays en ont conçu l'espoir d'une précoce et bonne récolte, et m'ont assuré que semblable merveille exista en 1781.

11.° Enfin, j'ai remarqué constamment, en fleur, dans tout le mois de janvier, soit dans les jardins, soit dans les campagnes des environs du Mans, les plantes suivantes, savoir :

PLANTES INDIGÈNES.

La Molène ou Bouillon blanc, *Verbascum thapsus*. LIN.

Le Chrysanthème des blés, *Chrysanthemum segetum*. LIN.

Le Primevère à grande fleur, *Primula grandiflora*. LAMARCK.

La Violette odorante, *Viola odorata.* LIN.

La Paquerette vivace, *Bellis perennis.* LIN.

La petite Pervenche, *Vinca minor.* LIN.

Le Cerfeuil cultivé, *Chærophyllum sativum.* DÉC.

La Bourrache commune, *Borrago officinalis.* LIN.

PLANTES ET ARBRISSEAUX EXOTIQUES.

Le Rosier du Bengale, et plusieurs de ses variétés.

Le Rosier multiflore, seulement couvert de boutons prêts à s'épanouir ; *du Japon.*

Le Rosier musqué, vulgairement Musquinier ; *de Barbarie.*

Le Réséda odorant ; *d'Egypte.*

La grande et petite Capucine ; *du Pérou.*

L'Hémérocalle jaune ; *du Piémont.*

Le Géranier à grosses racines ; *d'Italie.*

Le Chrysanthème des Jardins ; *du Levant.*

La Giroflée grecque ; *de l'Orient.*

La Giroflée des jardins ; *de la France Méridionale.*

La Giroflée quarantaine ; *id.*

L'Iris naine, variété jaunâtre ; *id.*

Le Souci des jardins ; *id.*

Le Chèvre-feuille des jardins ; *id.*

La Corète ; *du Japon.*

Sans le désir de publier à tems et mes observations et mon opinion sur l'absence de tout hiver cette année, j'aurais pu suspendre l'envoi de ce mémoire et y ajouter , par de nouvelles recherches, d'autres exemples non moins nombreux et non moins concluans. Mais ceux que je viens de faire connaître , n'en resteront pas moins, quel que soit leur nombre, aussi vrais que curieux ; et le prompt développement des plantes et leur végétation précoce seront toujours, pour l'observation , des indicateurs précis du règne anticipé de la plus aimable saison. Ne pourrais-je pas encore ajouter que la nature , cette puissance si grande et si généreuse, qui embrasse tout , qui vivifie tout , n'a sûrement pas réveillé , cette année , les plantes de leur sommeil ordinaire , póur sévrer nos campagnes de l'espoir de la plus belle récolte , et pour les montrer aux hommes seulement comme des météores ?...